COCINA
MOLECULAR

La cocina molecular representa una fusión excepcional entre ciencia y arte culinario, capturando la atención de gourmets y marcando tendencias en la gastronomía contemporánea. Fue introducida en 1988 por el químico francés Hervé This y el físico húngaro Nicholas Kurti, quienes exploraron la ciencia detrás de los procesos culinarios. En esta disciplina, la cocina se transforma en un laboratorio científico donde cada técnica y procedimiento se ejecuta con precisión.

Fundamental en la cocina molecular es el concepto de deconstrucción, que analiza y separa los componentes de un plato para reimaginarlos en diversas texturas. Esta técnica permite a los chefs reinventar recetas clásicas o experimentar con nuevas ideas, buscando siempre brindar al comensal una experiencia gastronómica memorable.

Dentro de la cocina molecular, algunas técnicas destacadas incluyen:

Sous vide: Este método consiste en cocinar alimentos lentamente en una bolsa hermética y a temperatura controlada, lo que preserva y realza sus sabores y texturas de manera que sería imposible mediante métodos de cocción tradicionales.
Hipercongelación: Se utiliza nitrógeno líquido para congelar alimentos rápidamente, logrando texturas crujientes por fuera y suaves por dentro.
Esferificación: Esta técnica convierte líquidos en esferas gelatinosas que se asemejan al caviar, empleando sustancias como el alginato de sodio y el cloruro de calcio.
En conclusión, la cocina molecular es una emocionante intersección de creatividad, ciencia y técnica que transforma la experiencia de comer en algo extraordinario.

CONTENIDO

INGREDIENTES Y USO

Estos ingredientes son fundamentales para realizar una amplia variedad de recetas en la cocina molecular, permitiendo experimentar con texturas y sabores de manera innovadora.

INGREDIENTE	CARACTERÍSTICAS	APLICACIONES O RECETAS	TEMPERATURAS/ PROCESOS
AGAR-AGAR	Gelificante obtenido de algas marinas, sin sabor ni olor. Tiene una gran capacidad de gelificación y estabilización.	Gelificación de jugos, sopas y salsas	Temperatura ambiente.
LECITINA DE SOJA	Emulsionante natural derivado de la soja. Permite crear emulsiones estables entre líquidos que normalmente no se mezclan.	Espuma de frutas, emulsiones en salsas	Variada.
ALGINATO DE SODIO	Extraído de algas marinas, forma geles sólidos cuando se mezcla con iones de calcio. Transparente y elástico.	Esferificación de líquidos	Reacción con iones de calcio.
GLICERINA	Líquido viscoso, incoloro e inodoro, soluble en agua y alcohol. Actúa como agente humectante y emulsionante.	Cristales comestibles, gelatinas	Varía según la receta.
METILCELULOSA	Polisacárido sintético que puede gelificar a temperatura ambiente. Se utiliza para crear geles y texturas cremosas.	Geles de frutas, cremas espesas	Temperatura ambiente.
NITROSO DE SODIO	Sal utilizada para la nitrificación, proceso que permite crear nitritos y nitratos. Se emplea en la curación de carnes.	Elaboración de embutidos, curados	Varía según la receta y el proceso de curación.
CARBONATO DE CALCIO	Polvo blanco fino utilizado como antiaglomerante y agente de relleno. Se emplea en esferificaciones directas.	Esferificación de alimentos	Reacción con iones de calcio.
XANTANA	Polisacárido natural producido por la fermentación de carbohidratos. Actúa como espesante y estabilizante.	Espesante de salsas, estabilizador de emulsiones	Varía según la receta y la textura deseada.
GLUCONOLACTATO DE CALCIO	Sal de calcio del ácido glucónico. Se utiliza para gelificar y como agente de endurecimiento.	Gelificación de líquidos	Reacción con iones de calcio.

TÉCNICA	EXPLICACIÓN
Esferificación	Consiste en encapsular líquidos en esferas que explotan en la boca. Se utiliza alginato sódico y una solución de calcio.
Gelificación	Uso de agentes gelificantes como el agar-agar para crear texturas gelatinosas más firmes y maleables.
Emulsificación	Creación de una mezcla estable entre dos líquidos que normalmente no se combinan, como el aceite y el agua.
Aireación	Introducción de aire en los alimentos para cambiar su textura y hacerla más ligera y espumosa, usando lecitina de soja.
Liofilización	Proceso de deshidratación que congela el alimento y luego reduce la presión circundante para permitir que el hielo se sublime.
Sous-vide	Cocina los ingredientes en una bolsa de vacío a temperaturas muy precisas y controladas para lograr texturas únicas.
Nitrógeno líquido	Uso de nitrógeno a -196°C para congelar rápidamente alimentos, creando texturas crujientes y cremas heladas instantáneas.
Espumas y aires	Uso de sifones con cartuchos de N2O para crear espumas ligeras o aires, que son más finos y delicados que las espumas.
Desconstrucción	Reconstrucción de un plato conocido, descomponiendo sus elementos y presentándolos de una manera totalmente diferente.

E S F E R I F I C A C I Ó N

La esferificación es una técnica culinaria avanzada que se utiliza en la cocina molecular para crear esferas líquidas con una membrana delgada que estalla en la boca, liberando su contenido líquido. Este método, popularizado por el chef Ferran Adrià en el restaurante elBulli, ha transformado la manera en que los chefs presentan y combinan sabores, ofreciendo una experiencia sensorial única.

Proceso de Esferificación

La esferificación se basa en la reacción entre el alginato de sodio y el calcio para formar una capa gelatinosa alrededor de un líquido. Existen dos tipos principales de esferificación: básica y inversa.

Esferificación Básica: En este método, se disuelve alginato de sodio en el líquido que se desea esferificar. Esta mezcla se deja reposar para eliminar burbujas de aire. Luego, se gotea la mezcla de alginato en un baño de cloruro de calcio. Al entrar en contacto con el calcio, la mezcla de alginato forma una esfera con una membrana gelatinosa. Las esferas resultantes se enjuagan en agua para eliminar cualquier exceso de calcio.

Esferificación Inversa: Este método es ideal para líquidos ricos en calcio o con baja acidez. Se mezcla gluconolactato de calcio con el líquido base. Esta mezcla se gotea en un baño de alginato de sodio, formando una capa gelatinosa alrededor del líquido. La esferificación inversa permite crear esferas más grandes y con una membrana más estable, adecuada para líquidos que se deben mantener en su forma esférica durante más tiempo.

Ingredientes

Alginato de Sodio: Un polisacárido extraído de algas marinas, utilizado para formar la capa gelatinosa.
Cloruro de Calcio: Una sal de calcio utilizada en la esferificación básica para reaccionar con el alginato.
Gluconolactato de Calcio: Utilizado en la esferificación inversa, es más suave que el cloruro de calcio y no tiene sabor amargo.
Líquidos Base: Pueden ser jugos, caldos, purés, cócteles o cualquier líquido que se desee esferificar.

Utensilios Necesarios

Balanza de Precisión: Para medir con exactitud los ingredientes.
Cucharas Medidoras: Para dosificar los líquidos.
Jeringas o Cucharas Esféricas: Para formar las esferas.
Baños de Mezcla: Recipientes para las soluciones de alginato y calcio.
Batidora de Mano: Para disolver los polvos en los líquidos sin grumos.
Cucharas Ranuradas: Para retirar las esferas del baño de calcio o alginato.

APLICACIONES EN LA COCINA GOURMET Y MOLECULAR

La esferificación se utiliza en la cocina molecular para crear presentaciones visualmente impactantes y texturalmente innovadoras. Entre las aplicaciones más comunes se encuentran:

Caviar de Frutas: Pequeñas esferas de jugo de fruta que explotan en la boca.
Cócteles Esferificados: Bebidas alcohólicas presentadas en forma de esferas, añadiendo un elemento de sorpresa y diversión.

Perlas de Vinagre: Usadas como acompañamiento en ensaladas para liberar el sabor de vinagre en la boca.

Esferas de Caldo: Caldos concentrados presentados en forma de esferas, que pueden añadirse a sopas o platos principales.
Postres Innovadores: Esferas de purés de frutas o licores para añadir un componente interactivo a los postres.

La esferificación permite a los chefs jugar con las expectativas del comensal, transformando líquidos en sólidos que vuelven a ser líquidos en la boca. Este método no solo enriquece la experiencia gastronómica con nuevas texturas y presentaciones, sino que también abre un amplio espectro de posibilidades creativas en la cocina contemporánea. Al dominar la técnica de esferificación, los chefs pueden sorprender y deleitar a sus comensales, ofreciendo platos que son tanto un deleite visual como gustativo.

RECETAS

ESFERAS DE MOZZARELLA

Una técnica muy popular consiste en transformar ingredientes comunes en formas inesperadas y deliciosas. Las esferas de Mozzarella son un ejemplo perfecto de esto, ya que permiten jugar con texturas y sabores de una manera única.

Al incorporar las esferas de Mozzarella en la cocina molecular, se logra una experiencia gastronómica fascinante. La versatilidad de estas pequeñas bolitas de queso permite utilizarlas en una amplia variedad de platos, desde ensaladas hasta platos principales. Su apariencia delicada y su explosión de sabor al morderlas hacen que sean un elemento muy apreciado tanto por chefs como por comensales.

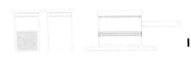

INGREDIENTES | PREPARACION | 4 COMENSALES

- 200g de mozzarella
- 200ml de agua
- 2g de alginato de sodio
- 500ml de agua (para el baño de calcio)
- 5g de cloruro de calcio
- Aceite de oliva
- Sal
- Pimienta
- Hierbas frescas (opcional)

Instrucciones:

1. Prepara una solución de alginato de sodio disolviendo 2 gramos de alginato en 500 ml de agua. Mezcla bien hasta que esté completamente disuelto. Deja reposar la solución durante al menos 2 horas para eliminar las burbujas de aire.
2. Corta la mozzarella fresca en pequeñas bolitas o trozos del tamaño deseado.
3. Prepara una solución de cloruro de calcio disolviendo 2 gramos de cloruro de calcio en 500 ml de agua. Mezcla bien hasta que esté completamente disuelto.
4. Con la jeringa, coloca las bolitas de mozzarella en la solución de alginato de sodio y déjalas reposar durante unos minutos para que se impregnen bien.
5. Con cuidado, retira las bolitas de mozzarella de la solución de alginato y sumérgelas en la solución de cloruro de calcio durante unos minutos. Esto ayudará a formar una capa externa que permitirá crear las esferas.
6. Lava suavemente las bolitas de mozzarella en agua fría para eliminar el exceso de cloruro de calcio.
7. Para servir, coloca las esferas de mozzarella en un plato, adereza con aceite de oliva, sal, pimienta y hierbas frescas al gusto.

UTENSILIOS NECESARIOS

1. Jeringa de cocina
2. Espátula de silicona
3. Cuchara medidora
4. Recipiente para baño de aceite
5. Cucharas pequeñas
6. Bol pequeño

Esferas de Mozarella

 RECOMENDACIONES DEL *Chef*

Acompañar con tomates cherry y hojas de albahaca para una presentación caprese.

1. Ensalada Caprese
2. Salsa de tomate casera
3. Bruschettas de tomate y albahaca
4. Pesto de albahaca
5. Pan con ajo y aceite de oliva
6. Tapenade de aceitunas

7. Salsa de pesto de tomate seco
8. Salsa de balsámico reducido
9. Salsa de albahaca y piñones
10. Salsa de pimientos asados

ESFERIFICACIÓN DE TÉ

En la gastronomía moderna, una técnica culinaria que ha ganado popularidad en los últimos años es la esferificación. Mediante este proceso, se logra transformar líquidos en pequeñas esferas con una fina membrana, que estallan en la boca liberando sabores intensos y sorprendentes.

La esferificación de té, por ejemplo, permite disfrutar de esta popular infusión de una manera totalmente diferente. Las pequeñas esferas de té, ya sea verde, negro o de hierbas, añaden una nueva dimensión a la experiencia de beber té, creando una explosión de sabor en cada bocado. Esta técnica ha revolucionado la forma en que se presenta y se disfruta el té en la alta cocina, ofreciendo una experiencia sensorial única y memorable.

INGREDIENTES | PREPARACION | 4 COMENSALES

Ingredientes:

- 500 ml de té concentrado
- 2 g de alginato de sodio
- 2 g de cloruro de calcio
- Agua mineral

Instrucciones:

1. Prepara el té concentrado con agua caliente y deja que se enfríe a temperatura ambiente.
2. Mezcla el alginato de sodio con el té concentrado y bate la mezcla hasta que esté bien disuelto.
3. Deja reposar la mezcla en el refrigerador durante al menos 1 hora para eliminar las burbujas de aire.
4. En otro recipiente, mezcla el cloruro de calcio con agua mineral hasta que esté bien disuelto.
5. Utiliza una jeringa o cuchara para formar pequeñas gotas de la mezcla de té y alginato y viértelas suavemente en la solución de cloruro de calcio. Las gotas se convertirán en esferas gelatinosas.
6. Deja reposar las esferas en la solución de cloruro de calcio durante unos minutos para que se solidifiquen.
7. Retira las esferas con cuidado y enjuágalas con agua para eliminar el sabor a cloruro de calcio.
8. Sirve las esferas de té en un plato y disfrútalas como un delicioso y sorprendente postre.

UTENSILIOS NECESARIOS

1. Jeringa
2. Espátula
3. Balanza de precisión
4. Recipiente para mezclar
5. Cucharas medidoras
6. Tamiz
7. Termómetro de cocina
8. Pipeta
9. Molde para esferificación

RECOMENDACIONES DEL *Chef*

Experimentar con diferentes tipos de té para crear esferas con sabores variados.

1. Mini sándwiches de pepino y crema de queso
2. Macarons de limón
3. Mini tartaletas de frutas frescas
4. Galletas de mantequilla
5. Trufas de chocolate blanco y té matcha
6. Mini cupcakes de vainilla con frosting de té verde
7. Brochetas de frutas bañadas en chocolate
8. Tarta de limón
9. Mini cheesecakes de frutos rojos
10. Brownies de chocolate negro

ESFERAS DE CHOCOLATE

En la cocina molecular, la creatividad se fusiona con la ciencia para transformar ingredientes comunes en experiencias culinarias únicas. Mediante técnicas innovadoras, se logra sorprender a los comensales con platos que desafían las expectativas. Un ejemplo de esto son las esferas de chocolate, pequeñas delicias que encierran explosiones de sabor en su interior.

Estas esferas de chocolate son el resultado de la aplicación de la técnica de esferificación, que permite crear formas perfectas y rellenos líquidos. Al morderlas, se libera un torrente de sabores intensos y contrastantes, deleitando el paladar con cada bocado. Las posibilidades son infinitas en la cocina molecular, donde la imaginación y la precisión se unen para crear experiencias gastronómicas inolvidables.

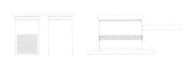

INGREDIENTES | PREPARACION | 4 COMENSALES

- 200 g de chocolate negro
- 100 ml de nata líquida
- 2 g de alginato de sodio
- 2 g de cloruro de calcio
- Agua

Instrucciones:

1. Prepara la mezcla de alginato: en un recipiente, mezcla el alginato de sodio con la nata líquida. Utiliza la batidora de mano para asegurarte de que esté bien integrado. Deja reposar la mezcla durante al menos 30 minutos para que las burbujas de aire se disipen.
2. Derrite el chocolate: derrite el chocolate negro a baño maría o en el microondas, revolviendo cada 30 segundos para evitar que se queme.
3. Mezcla el chocolate con la mezcla de alginato: una vez que el chocolate esté derretido, incorpora la mezcla de alginato y nata líquida. Mezcla bien hasta obtener una mezcla homogénea.
4. Prepara el baño de calcio: en otro recipiente, disuelve el cloruro de calcio en agua. Asegúrate de que esté bien disuelto.
5. Forma las esferas: llena la jeringa con la mezcla de chocolate y alginato. Suelta pequeñas gotas de la mezcla en el baño de calcio. Las gotas se convertirán en esferas al entrar en contacto con el cloruro de calcio.
6. Deja reposar las esferas en el baño de calcio durante unos minutos para que se formen correctamente.
7. Retira las esferas con cuidado y enjuágalas con agua para eliminar el exceso de cloruro de calcio. ¡Y listo!

UTENSILIOS NECESARIOS

1. Jeringa de cocina
2. Espátula de silicona
3. Cucharas medidoras
4. Balanza de precisión
5. Termómetro de cocina
6. Recipiente para baño maría
7. Pipeta
8. Molde de silicona para esferificación

Esferas de Chocolate

RECOMENDACIONES DEL *Chef*

Acompañar con frutas frescas o utilizar como decoración para postres de chocolate.

1. Helado de vainilla
2. Frutas frescas (fresas, plátano, uvas)
3. Crema batida
4. Salsa de caramelo
5. Crema de avellanas

6. Galletas de mantequilla
7. Mousse de chocolate blanco
8. Sorbete de frambuesa
9. Nata montada con trozos de chocolate
10. Salsa de frutos rojos

ESFERIFICACIÓN | CAVIAR

La creación de caviar molecular implica la técnica de esferificación, que utiliza la interacción química entre alginato de sodio y una solución de calcio para formar una capa gelatinosa alrededor de un líquido. Hay dos métodos principales: esferificación básica y esferificación inversa.

El caviar molecular se utiliza en la cocina gourmet para añadir un toque visual y texturalmente sorprendente a los platos. Algunas de las aplicaciones más comunes incluyen:

1. **Caviar de Frutas:** Pequeñas esferas de jugo de fruta que estallan en la boca, utilizadas como guarnición para postres y cócteles.

2. **Caviar de Vinagre Balsámico:** Esferas de vinagre balsámico que se utilizan para añadir un sabor ácido y decorativo a ensaladas y platos principales.

3. **Caviar de Cócteles:** Bebidas alcohólicas transformadas en pequeñas esferas, proporcionando una forma innovadora de presentar cócteles.

4. **Caviar de Salsa de Soja:** Utilizado en la cocina japonesa para añadir un toque de sabor salado a sushi y sashimi.

5. **Caviar de Aceite de Oliva:** Esferas de aceite de oliva para acompañar panes, quesos y ensaladas, ofreciendo una explosión de sabor.

El proceso de crear caviar molecular permite a los chefs explorar nuevas fronteras en la presentación y sabor de los alimentos, ofreciendo una experiencia gastronómica que combina la ciencia y el arte culinario.

Las pequeñas esferas que estallan en la boca no solo sorprenden por su apariencia, sino también por la intensidad del sabor que liberan, haciendo de esta técnica una herramienta poderosa en la cocina molecular y gourmet.

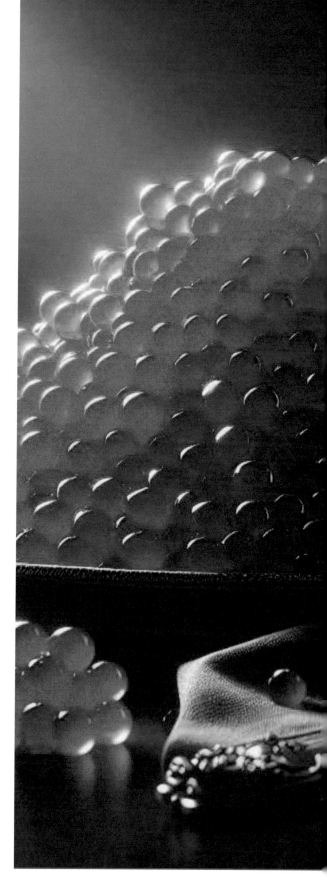

CAVIAR DE ACEITE DE OLIVA

En la alta gastronomía, existe un manjar exquisito que deleita los paladares más exigentes. Su sabor único y su textura delicada lo convierten en un verdadero lujo culinario. El caviar de aceite de oliva es apreciado por su refinamiento y su capacidad para realzar cualquier plato con un toque de elegancia y sofisticación.

Este exquisito producto, elaborado a partir de aceite de oliva de la más alta calidad, es una verdadera joya culinaria que eleva cualquier plato a otro nivel. Su sabor suave y delicado lo convierte en un ingrediente imprescindible para los amantes de la buena cocina. El caviar de aceite de oliva es un tesoro gastronómico que merece ser disfrutado con gratitud y respeto por su exquisita elaboración y su inigualable sabor.

INGREDIENTES | PREPARACION | 4 COMENSALES

El caviar de aceite de oliva es una receta sencilla y elegante que consiste en transformar el aceite de oliva en pequeñas esferas que se asemejan al caviar. A continuación te explico cómo preparar esta receta:

Ingredientes:

- 500 ml de aceite de oliva virgen extra
- 2 g de alginato de sodio
- 2 g de cloruro de calcio
- Agua para la solución de cloruro de calcio

Instrucciones:

1. Prepara una solución de alginato de sodio al 1% en agua. Para ello, disuelve 1 gramo de alginato de sodio en 100 ml de agua. Mezcla bien hasta que esté completamente disuelto y deja reposar en el refrigerador durante al menos 12 horas para eliminar las burbujas de aire.
2. Llena una jeringa con la solución de alginato de sodio y deja caer pequeñas gotas en una solución de cloruro de calcio al 1% para formar las esferas. Las gotas se convertirán en pequeñas bolitas de aceite de oliva.
3. Deja reposar las esferas en la solución de cloruro de calcio durante unos minutos para que se formen bien.
4. Retira las esferas con cuidado y enjuágalas con agua para eliminar el exceso de cloruro de calcio.
5. Sirve las esferas de aceite de oliva como guarnición o decoración en platos gourmet.

UTENSILIOS NECESARIOS

1. Jeringa de cocina
2. Cloruro de calcio
3. Alginato de sodio
4. Aceite de oliva extra virgen
5. Agua mineral

Caviar de Aceite de Oliva

 RECOMENDACIONES DEL *Chef*

Ideal para decorar platos de ensaladas o pastas.

1. Tostadas con aguacate y caviar de aceite de oliva.
2. Ensalada de tomate, mozzarella y caviar de aceite de oliva.
3. Carpaccio de ternera con caviar de aceite de oliva.
4. Salmón ahumado con caviar de aceite de oliva.
5. Risotto de champiñones con caviar de aceite de oliva.
6. Huevos revueltos con caviar de aceite de oliva.

7. Pasta con pesto y caviar de aceite de oliva.
8. Sopa de calabaza con caviar de aceite de oliva.
9. Tacos de pescado con caviar de aceite de oliva.
10. Bruschettas de tomate y albahaca con caviar de aceite de oliva.

CAVIAR DE FRUTAS

Una técnica culinaria que ha ganado popularidad en los últimos años es la utilización de esferificaciones para crear platos únicos y originales. El caviar de frutas, por ejemplo, es un delicado manjar que combina la frescura de las frutas con la sofisticación de la presentación.

Al utilizar la técnica de esferificación, los chefs pueden transformar simples jugos de frutas en pequeñas perlas brillantes que estallan en la boca, liberando todo su sabor y frescura. El caviar de frutas se ha convertido en un elemento imprescindible en la cocina molecular, añadiendo un toque de elegancia y sorpresa a platos dulces y salados.

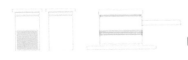

INGREDIENTES | PREPARACION | 4 COMENSALES

- 500 ml de jugo de frutas (puedes usar frutas como fresa, mango, piña, etc.)
- 2 g de alginato de sodio
- 500 ml de agua
- 4 g de cloruro de calcio

Instrucciones:

1. Mezcla el alginato de sodio con el jugo de frutas en un recipiente y bate hasta que esté bien disuelto.
2. En otro recipiente, mezcla el cloruro de calcio con el agua y remueve hasta que esté bien disuelto.
3. Utiliza una jeringa o un gotero para gotear pequeñas cantidades de la mezcla de jugo de frutas y alginato en la solución de cloruro de calcio. Las gotas formarán pequeñas esferas de caviar.
4. Deja reposar las esferas en la solución de cloruro de calcio durante unos minutos para que se formen bien.

5. Retira las esferas con cuidado y enjuágalas suavemente con agua para eliminar el exceso de cloruro de calcio.
6. ¡Tu caviar de frutas en la cocina molecular está listo para ser disfrutado!

Recuerda que la cocina molecular es una técnica precisa, por lo que es importante seguir las cantidades y proporciones indicadas en la receta para obtener los mejores resultados.

UTENSILIOS NECESARIOS

1. Jeringa
2. Espátula de silicona
3. Tamiz
4. Recipiente para mezclar
5. Balanza de precisión
6. Termómetro de cocina
7. Molde de silicona

Caviar de frutas

 RECOMENDACIONES DEL *Chef*

Ideal para decorar postres o añadir a cócteles y bebidas.

1. Tostadas de pan integral con queso crema y Caviar de Frutas.
2. Mini blinis con crema agria y Caviar de Frutas.
3. Ensalada de espinacas frescas con Caviar de Frutas y aderezo balsámico.
4. Brochetas de frutas frescas con Caviar de Frutas.
5. Yogur natural con granola y una cucharada de Caviar de Frutas.
6. Crepes rellenos de Caviar de Frutas y crema batida.

7. Tartaletas de hojaldre con crema pastelera y Caviar de Frutas.
8. Smoothie bowl con Caviar de Frutas, plátano y bayas.
9. Helado de vainilla con salsa de chocolate y Caviar de Frutas.
10. Mousse de chocolate con Caviar de Frutas y almendras tostadas.

CAVIAR DE TOMATE

En la cocina molecular, un ingrediente que ha ganado popularidad en este ámbito es el caviar de tomate. Con su apariencia similar al caviar tradicional, este pequeño toque de sabor intenso y textura única añade un toque elegante y sofisticado a los platos.

El caviar de tomate se ha convertido en un elemento imprescindible para los chefs que buscan innovar y jugar con las expectativas de los comensales. Su versatilidad permite incorporarlo en una amplia variedad de platos, desde ensaladas hasta platos principales, aportando un toque de frescura y originalidad que no pasa desapercibido.

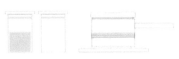

INGREDIENTES | PREPARACION | 4 COMENSALES

- 500 ml de jugo de tomate
- 2 g de alginato de sodio
- 500 ml de agua
- 2 g de cloruro de calcio

Instrucciones:

1. Prepara una solución de alginato de sodio disolviendo este polvo en agua. La proporción recomendada es de 2 gramos de alginato por cada 100 ml de agua. Mezcla bien hasta que el alginato esté completamente disuelto.
2. Lava y corta los tomates en trozos pequeños. Tritúralos en una licuadora o procesador de alimentos hasta obtener un puré fino.
3. Llena una jeringa con el puré de tomate y comienza a gotear suavemente pequeñas gotas en la solución de alginato de sodio. Las gotas caerán al fondo del recipiente y se convertirán en esferas.

4. Deja reposar las esferas de tomate en la solución de alginato de sodio durante unos minutos para que se formen bien.
5. Mientras tanto, prepara un recipiente con agua fría y otro con agua y cloruro de calcio. La proporción recomendada es de 2 gramos de cloruro de calcio por cada 100 ml de agua.
6. Con una espumadera, retira las esferas de tomate de la solución de alginato y sumérgelas en el agua fría para enjuagarlas.
7. Luego, transfiere las esferas enjuagadas al agua con cloruro de calcio y déjalas reposar durante unos minutos para que se formen las membranas exteriores y se solidifiquen.
8. Una vez listas, retira las esferas de tomate del agua con cloruro de calcio y enjuágalas nuevamente en agua fría para eliminar cualquier exceso de cloruro de calcio. ¡Y listo!

UTENSILIOS NECESARIOS

1. Jeringa de cocina
2. Espumadera
3. Tamiz
4. Recipiente para nitrógeno líquido
5. Batidora de mano
6. Termómetro de cocina
7. Pipeta
8. Espátula de silicona

Caviar de Tomate

 RECOMENDACIONES DEL *Chef*

Utilizar como decoración para platos de pasta o ensaladas.

1. Tostadas de aguacate y caviar de tomate
2. Ensalada caprese con caviar de tomate
3. Bruschettas de caviar de tomate y queso de cabra
4. Caviar de tomate con mozzarella y albahaca
5. Caviar de tomate con pan de ajo
6. Caviar de tomate con pasta fresca
7. Caviar de tomate con huevos revueltos
8. Caviar de tomate con pescado a la parrilla
9. Caviar de tomate con pollo al horno
10. Caviar de tomate con croquetas de queso

CAVIAR DE MANGO

En la gastronomía, existe un manjar exquisito que deleita los paladares más exigentes. Su sabor único y su textura suave lo convierten en un verdadero lujo culinario. El caviar de mango, con su color dorado y su aroma embriagador, es una delicia que sorprende a quienes lo prueban.

Este exquisito manjar, el caviar de mango, es perfecto para dar un toque sofisticado a cualquier plato. Su combinación de dulzura y frescura lo convierten en un ingrediente versátil que puede realzar tanto platos dulces como salados. Sin duda, el caviar de mango es una joya culinaria que merece ser disfrutada en ocasiones especiales.

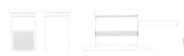

INGREDIENTES | PREPARACION | 4 COMENSALES

Para preparar caviar de mango, necesitarás los siguientes ingredientes:

- 2 mangos maduros
- 1 taza de agua
- 1 taza de azúcar
- 2 cucharadas de agar-agar en polvo

Instrucciones:

1. Pelar y cortar los mangos en trozos pequeños.
2. Colocar los trozos de mango en una licuadora y procesar hasta obtener un puré suave.
3. En una olla, mezclar el puré de mango con el agua y el azúcar. Llevar la mezcla a ebullición.
4. Agregar el agar-agar en polvo y revolver bien para que se disuelva por completo.
5. Cocinar la mezcla a fuego medio durante unos 5 minutos, revolviendo constantemente.
6. Retirar la mezcla del fuego y dejar enfriar un poco.
7. Colocar la mezcla en una jeringa o en un gotero.
8. Dejar caer pequeñas gotas de la mezcla en un recipiente con aceite frío. Las gotas se solidificarán y formarán las "perlas" de caviar de mango.
9. Una vez que las perlas estén formadas, retirarlas del aceite con cuidado y enjuagarlas con agua fría.
10. El caviar de mango está listo para ser utilizado como decoración o acompañamiento en tus platos.

UTENSILIOS NECESARIOS

1. Jeringa
2. Espátula de silicona
3. Bol
4. Cuchara medidora
5. Tamiz
6. Recipiente para enfriar
7. Film transparente

Caviar de mango

RECOMENDACIONES DEL *Chef*

Acompañar con platos de mariscos o postres tropicales.

1. Tostadas de aguacate y caviar de mango
2. Ensalada de langostinos con caviar de mango
3. Salmón ahumado con caviar de mango
4. Ceviche de camarón con caviar de mango
5. Tartar de atún con caviar de mango
6. Rollitos de primavera con caviar de mango

7. Sushi de salmón con caviar de mango
8. Carpaccio de res con caviar de mango
9. Brochetas de pollo con caviar de mango
10. Crepes rellenos de queso crema y caviar de mango

CAVIAR DE LICOR

Una técnica que ha ganado popularidad es la utilización de ingredientes inusuales, como el caviar de licor. Este exquisito manjar aporta un toque sofisticado y único a los platos, elevando la experiencia gastronómica a otro nivel.

La elaboración del caviar de licor requiere precisión y habilidad, ya que se trata de transformar el licor en pequeñas esferas que estallan en la boca, liberando su intenso sabor. Este delicado proceso combina la ciencia con la gastronomía, creando una experiencia sensorial incomparable que despierta los sentidos y desafía los límites de la cocina tradicional.

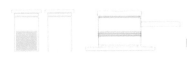

INGREDIENTES | PREPARACION | 4 COMENSALES

Ingredientes:

- 200 ml de licor de tu elección
- 2 g de alginato de sodio
- 500 ml de agua
- 2 g de cloruro de calcio

Instrucciones:

1. Prepara una solución de alginato de sodio disolviendo 2 gramos de alginato en 500 ml de agua. Mezcla bien hasta que el alginato esté completamente disuelto. Deja reposar la mezcla durante al menos 2 horas para eliminar las burbujas de aire.
2. Llena la jeringa con la solución de licor que deseas convertir en caviar.
3. Coloca pequeñas gotas de la solución de licor en la solución de alginato utilizando la cuchara perforada. Asegúrate de que las gotas no se toquen entre sí para evitar que se peguen.

4. Deja reposar las gotas de licor en la solución de alginato durante unos minutos para que se forme una capa externa gelatinosa.
5. Prepara el baño de calcio disolviendo 2 gramos de cloruro de calcio en 500 ml de agua.
6. Con cuidado, retira las gotas de licor con una cuchara perforada y sumérgelas en el baño de calcio durante aproximadamente un minuto. Esto ayudará a solidificar la capa externa de las gotas y formar el caviar.
7. Retira las gotas del baño de calcio y enjuágalas suavemente con agua para eliminar cualquier exceso de cloruro de calcio. ¡Y listo!

UTENSILIOS NECESARIOS

1. Jeringa
2. Espumadera
3. Cazo
4. Bol
5. Tamiz
6. Espátula

 RECOMENDACIONES DEL *Chef*

Utilizar como decoración para postres o añadir a cócteles y bebidas.

1. Tostadas de pan con queso crema y Caviar de Licor.
2. Blinis con crema agria y Caviar de Licor.
3. Huevos revueltos con Caviar de Licor.
4. Ensalada de aguacate y langostinos con Caviar de Licor.
5. Salmón ahumado con Caviar de Licor.

6. Canapés de pepino con Caviar de Licor.
7. Tartar de atún con Caviar de Licor.
8. Ostras frescas con Caviar de Licor.
9. Carpaccio de res con Caviar de Licor.
10. Sushi rolls con Caviar de Licor.

AIREACIÓN

La aireación es una técnica culinaria fundamental en la cocina molecular que se utiliza para incorporar aire en diversos ingredientes y crear espumas ligeras y aireadas. Este proceso transforma la textura de los alimentos y bebidas, permitiendo a los chefs crear platos con una apariencia y sensación únicas, a menudo sorprendiendo y deleitando a los comensales.

Proceso de Aireación

La aireación implica la incorporación de aire o gas en una mezcla líquida o semi-líquida para formar burbujas estables. Estas burbujas pueden ser grandes y visibles o pequeñas y finas, dependiendo del método y los ingredientes utilizados. Existen varios métodos para lograr la aireación, incluyendo el uso de sifones, batidoras, licuadoras y agentes estabilizadores.

Aireación con Sifón de Espuma (iSi Whip): Este es uno de los métodos más comunes. Se carga un sifón de crema con una mezcla líquida y un agente estabilizador, y luego se introduce un cartucho de gas (generalmente óxido nitroso). El gas se disuelve en la mezcla, y cuando se dispensa, la presión libera el gas creando una espuma ligera y aireada.

Aireación con Batidora de Mano: Se usa una batidora de mano para incorporar aire en una mezcla líquida. Esto es efectivo para crear espumas más ligeras y menos estables que las creadas con un sifón.

Aireación con Licuadora: Una licuadora de alta velocidad puede ser utilizada para introducir aire en mezclas líquidas. Este método es ideal para espumas que no requieren un agente estabilizador adicional.

Aireación con Lecitina de Soya: Este es un agente estabilizador natural que ayuda a mantener las burbujas de aire en espumas. Se agrega lecitina de soya a la mezcla líquida y se bate o se licúa para incorporar aire. La lecitina ayuda a estabilizar las burbujas, creando una espuma más duradera.

Ingredientes

Líquidos Base: Pueden ser jugos, caldos, purés, cremas o emulsiones que se desean airear.
Agentes Estabilizadores: Lecitina de soya, goma xantana, o albúmina (clara de huevo) para estabilizar las burbujas de aire.
Cartuchos de Gas: Óxido nitroso (N_2O) o dióxido de carbono (CO_2) para usar con sifones de espuma.

Utensilios Necesarios

Sifón de Espuma (iSi Whip): Para crear espumas estables y aireadas.
Cartuchos de Gas: Para cargar el sifón de espuma.
Batidora de Mano: Para airear líquidos y crear espumas ligeras.
Licuadora: Para incorporar aire en mezclas líquidas a alta velocidad.
Recipientes de Mezcla: Para combinar y mezclar los ingredientes.
Cucharas Medidoras y Tazas: Para medir con precisión los ingredientes.
Tazones de Enjuague: Para limpiar los utensilios entre usos.

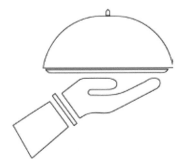

Aplicaciones en la Cocina Gourmet y Molecular

La aireación se utiliza en la cocina molecular para crear texturas ligeras y espumosas, aportando una dimensión nueva y excitante a los platos. Entre las aplicaciones más comunes se encuentran:

Espumas de Sabores: Se pueden crear espumas de frutas, hierbas, especias, y otros ingredientes para acompañar platos principales o postres. Por ejemplo, una espuma de maracuyá para acompañar un postre de chocolate.

Aires de Cócteles: Los aires son espumas extremadamente ligeras que se utilizan en la mixología para crear cócteles innovadores. Un aire de menta, por ejemplo, puede añadirse a un mojito para una presentación única.

Cremas Batidas Gourmet: Utilizando sifones de espuma, se pueden crear cremas batidas con sabores infundidos, como vainilla o trufa, para acompañar postres.

Espumas Saladas: Espumas de queso, foie gras, o vegetales para añadir como acompañamiento a platos principales, ofreciendo una textura ligera y aireada que contrasta con los elementos más densos del plato.

Emulsiones Ligeras: Se pueden crear emulsiones ligeras y aireadas de aceites aromáticos o salsas que añaden un toque sutil de sabor sin sobrecargar el plato.

La técnica de aireación en la cocina molecular permite a los chefs jugar con las texturas y presentaciones de los alimentos, creando experiencias sensoriales sorprendentes. Al transformar ingredientes líquidos en espumas aireadas, se puede mejorar tanto el sabor como la estética de los platos, haciendo que cada bocado sea una aventura culinaria. Esta técnica es fundamental en la cocina contemporánea, permitiendo la creación de platos visualmente atractivos y texturalmente innovadores que cautivan a los comensales.

RECETAS

AIRE DE CHOCOLATE

En la cocina molecular, la creatividad y la innovación se unen para transformar ingredientes comunes en experiencias culinarias únicas. La magia comienza cuando el chef combina técnicas y herramientas especiales para crear platos sorprendentes. Un claro ejemplo de esto es el "Aire de Chocolate", una deliciosa creación que desafía los sentidos y eleva el placer de degustar un postre clásico.

Al incorporar el "Aire de Chocolate" en sus creaciones, los chefs logran una textura ligera y esponjosa que contrasta con la intensidad del sabor del chocolate. Este elemento sorprendente no solo añade un toque de sofisticación a los platos, sino que también despierta la curiosidad y la admiración de los comensales. La cocina molecular nos invita a explorar nuevas posibilidades y a disfrutar de experiencias gastronómicas inolvidables, donde el arte culinario se fusiona con la ciencia para deleitar nuestros sentidos.

INGREDIENTES | PREPARACION | 4 COMENSALES

La receta de Aire de Chocolate en la cocina molecular es un postre sorprendente y delicioso. Aquí te dejo los pasos para prepararlo:

Ingredientes:

- 200g de chocolate negro
- 100ml de nata para montar
- 2 claras de huevo
- 50g de azúcar

Instrucciones:

1. En un recipiente resistente al calor, derrite el chocolate negro a baño maría o en el microondas con cuidado de no quemarlo.
2. En otro recipiente, monta la nata hasta que quede firme.
3. En un bol aparte, bate las claras de huevo a punto de nieve, añadiendo poco a poco el azúcar para que queden bien firmes.
4. Mezcla con cuidado el chocolate derretido con la nata montada, realizando movimientos envolventes para que no se bajen.
5. Incorpora las claras montadas a la mezcla de chocolate y nata, nuevamente con movimientos suaves y envolventes para que el aire no se escape.
6. Una vez que todo esté bien integrado, vierte la mezcla en un sifón de cocina.
7. Cierra el sifón y carga con una cápsula de gas para nata montada.
8. Agita el sifón enérgicamente durante unos segundos.
9. Sirve el Aire de Chocolate en copas individuales y decora al gusto con frutos rojos, hojas de menta o ralladura de chocolate.

UTENSILIOS NECESARIOS

1. Sifón de cocina
2. Cargas de gas para sifón
3. Chocolate negro
4. Nata líquida
5. Azúcar
6. Cacao en polvo

Aire de Chocolate

RECOMENDACIONES DEL *Chef*

Utilizar como decoración para postres o como topping para bebidas calientes.

1. Helado de vainilla
2. Frutas frescas (fresas, plátano, frambuesas)
3. Galletas de mantequilla
4. Crema chantilly
5. Brownies
6. Crepes
7. Nueces caramelizadas

8. Bizcocho de chocolate
9. Mousse de chocolate blanco
10. Salsa de caramelo

AIRE DE ALBAHACA

En la cocina moderna, se busca constantemente innovar y sorprender a los comensales con nuevas técnicas y presentaciones. Una de las tendencias más populares es utilizar ingredientes inusuales para crear platos únicos y memorables. El aire de albahaca es un ejemplo perfecto de cómo se puede transformar un ingrediente común en algo extraordinario en la cocina molecular.

Al incorporar el aire de albahaca en las preparaciones culinarias, se logra una experiencia sensorial única que combina el sabor fresco y aromático de la albahaca con una textura ligera y espumosa. Este ingrediente se ha convertido en un elemento imprescindible para los chefs creativos que buscan elevar sus platos y cautivar a sus comensales con propuestas innovadoras en la cocina.

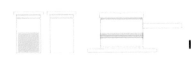

INGREDIENTES | PREPARACION | 4 COMENSALES

Ingredientes:

- 200 ml de agua
- 50 g de azúcar
- 20 g de hojas de albahaca fresca
- 2 g de lecitina de soja

Instrucciones:

1. En primer lugar, lava y seca las hojas de albahaca fresca.
2. En una olla, hierve agua y sumerge las hojas de albahaca durante unos segundos para blanquearlas.
3. Retira las hojas de albahaca del agua hirviendo y sumérgelas inmediatamente en un recipiente con agua helada para detener la cocción y mantener su color verde brillante.
4. Escurre bien las hojas de albahaca y colócalas en una licuadora.
5. Agrega un poco de agua a la licuadora y mezcla hasta obtener una mezcla homogénea.

6. Cuela la mezcla de albahaca para obtener un líquido puro y sin sólidos.
7. Añade lecitina de soja al líquido de albahaca. La lecitina actuará como emulsionante para crear el aire.
8. Utiliza un sifón de cocina para introducir la mezcla de albahaca y lecitina en su interior.
9. Carga el sifón con una carga de gas según las instrucciones del fabricante y agita suavemente.
10. Para servir, dispensa el aire de albahaca sobre el plato o recipiente deseado.
El aire se formará como una espuma ligera y aromática que aportará un toque de sabor a albahaca a tus platos.

UTENSILIOS NECESARIOS

1. Espátula de silicona
2. Sifón de cocina
3. Cartuchos de gas para sifón
4. Batidora de mano
5. Recipiente para montar el sifón

 RECOMENDACIONES DEL *Chef*

Utilizar como aderezo para ensaladas o como topping para platos de pasta.

1. Risotto de champiñones con Aire de Albahaca
2. Ensalada caprese con Aire de Albahaca
3. Pasta fresca con Aire de Albahaca
4. Salmón al horno con Aire de Albahaca
5. Carpaccio de ternera con Aire de Albahaca
6. Pollo a la parrilla con Aire de Albahaca
7. Bruschettas de tomate y mozzarella con Aire de Albahaca

8. Gazpacho de sandía con Aire de Albahaca
9. Pizza margarita con Aire de Albahaca
10. Helado de limón con Aire de Albahaca

AIRE DE MENTA

En la cocina molecular, la innovación y la creatividad son elementos clave e indispensables. Una técnica muy utilizada consiste en transformar ingredientes comunes en formas inesperadas y deliciosas. El aire de menta es un ejemplo perfecto de esto, ya que aporta un toque fresco y aromático a los platos.

Al incorporar el aire de menta en la cocina molecular, se logra una presentación única y una experiencia sensorial incomparable. Este ingrediente se convierte en una delicada espuma que realza los sabores y añade una textura ligera y esponjosa a los platos. La versatilidad del aire de menta permite experimentar con diferentes combinaciones de sabores y crear platos verdaderamente originales y memorables.

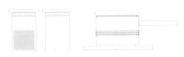

INGREDIENTES | PREPARACION | 4 COMENSALES

Ingredientes:

- 200 ml de agua
- 100 g de azúcar
- 1 manojo de hojas de menta fresca
- 2 g de lecitina de soja

Instrucciones:

1. En una olla, calienta el agua y agrega el azúcar. Revuelve hasta que el azúcar se disuelva por completo.
2. Retira la olla del fuego y añade las hojas de menta fresca. Deja reposar durante unos minutos para que las hojas de menta infundan su sabor en el almíbar.
3. Cuela la mezcla para retirar las hojas de menta y asegurarte de que el almíbar esté limpio.
4. Vierte el almíbar en un recipiente alto y estrecho. Añade la lecitina de soja y utiliza una batidora de mano para crear aire en la mezcla. La lecitina ayudará a estabilizar las burbujas de aire y a crear una textura espumosa.
5. Continúa batiendo hasta que se forme una capa de espuma en la superficie del almíbar.
6. Sirve el Aire de Menta en copas individuales y decora con hojas de menta fresca para dar un toque final.

UTENSILIOS NECESARIOS

1. Sifón de cocina
2. Cargas de gas para sifón
3. Ingredientes para la receta de Aire de Menta

Aire de Menta

 RECOMENDACIONES DEL *Chef*

Utilizar como aderezo para postres con sabor a menta o como topping para bebidas frías.

1. Helado de chocolate
2. Tarta de limón
3. Mousse de frutas del bosque
4. Sorbete de mango
5. Crema de vainilla
6. Pastel de zanahoria

7. Flan de caramelo
8. Frutas frescas cortadas
9. Brownies de chocolate
10. Crema catalana

AIRE DE LIMÓN

En la cocina moderna, algunos chefs han descubierto en un ingrediente particular una forma única de elevar sus platos. El aire de limón, con su frescura y aroma cítrico, se ha convertido en un elemento imprescindible en la cocina molecular.

A través de técnicas como la esferificación o la emulsificación, los chefs logran transformar el sabor del limón en una experiencia sensorial inigualable. Este ingrediente no solo aporta un toque de acidez, sino que también añade una textura ligera y delicada a los platos. El aire de limón en la cocina molecular es un ejemplo perfecto de cómo la ciencia y la gastronomía pueden fusionarse para crear verdaderas obras maestras culinarias.

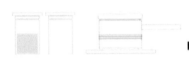

INGREDIENTES | PREPARACION | 4 COMENSALES

Ingredientes:

200 ml de zumo de limón
100 ml de agua
100 g de azúcar
2 g de lecitina de soja
Utensilios:

1.En un recipiente, mezcla el zumo de limón, el agua y el azúcar. Remueve hasta que el azúcar se disuelva por completo.
2.Añade la lecitina de soja a la mezcla y remueve suavemente para que se integre.
3.Vierte la mezcla en la licuadora y bate a máxima potencia durante unos minutos, hasta que empiece a formarse espuma en la superficie.
4.Coloca el espumador de leche en el recipiente

alto y estrecho y vierte la mezcla batida en él.
5.Con cuidado, activa el espumador de leche para crear aire en la mezcla. Verás cómo se forma una espuma ligera y aireada en la superficie.
6.Una vez que hayas conseguido la consistencia deseada, sirve el Aire de Limón en copas individuales y decora con ralladura de limón o una hoja de menta. También se utiliza como topping para pescados y mariscos.

UTENSILIOS NECESARIOS

1. Sifón de cocina
2. Cargas de gas para sifón
3. Limones
4. Azúcar
5. Agua

Aire de Limón

RECOMENDACIONES DEL *Chef*

Utilizar como aderezo para pescados o mariscos o como topping para postres con sabor a limón.

1. Salmón al horno con salsa de limón
2. Ensalada de espinacas con aderezo de limón
3. Pollo a la parrilla con limón y hierbas
4. Risotto de limón y espárragos
5. Tarta de limón con merengue

6. Camarones al ajillo con limón
7. Pasta con salsa de limón y albahaca
8. Ceviche de pescado con limón
9. Sopa de pollo con limón y arroz
10. Tacos de pescado con salsa de limón y cilantro

AIRE DE PIÑA

En la cocina molecular, la creatividad es fundamental. Experimentar con texturas y sabores es parte esencial de la magia culinaria. Un ingrediente que ha ganado popularidad en este ámbito es el aire de piña. Con su ligereza y sabor refrescante, aporta una dimensión única a los platos.

La versatilidad del aire de piña permite incorporarlo en postres, cócteles e incluso platos salados. Su proceso de elaboración, que implica la emulsificación de jugo de piña con lecitina, crea una espuma delicada y aromática que eleva cualquier creación culinaria. La sutileza de este ingrediente transforma cada bocado en una experiencia sensorial inolvidable en la cocina molecular.

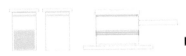

INGREDIENTES | PREPARACION | 4 COMENSALES

Ingredientes:

- 500 ml de jugo de piña
- 2 g de lecitina de soja
- Azúcar al gusto
- Agua

Instrucciones:

1. Pela y corta la piña en trozos pequeños.
2. Coloca los trozos de piña en la licuadora y añade un poco de agua y azúcar al gusto. Licua hasta obtener un puré suave.
3. Cuela el puré de piña para obtener un jugo limpio y sin pulpa.
4. En un recipiente alto y estrecho, vierte el jugo de piña y añade la lecitina de soja según las indicaciones del fabricante.
5. Utiliza el espumador de leche para crear aire en el jugo de piña. Introduce el espumador en el líquido y enciéndelo para generar burbujas de aire.
6. Una vez que el aire de piña esté listo, puedes servirlo en copas o recipientes individuales.

UTENSILIOS NECESARIOS

1. Espátula de silicona
2. Sifón de cocina
3. Cargas de gas para sifón
4. Recipiente para mezclar
5. Colador fino
6. Botella de spray

Aire de Piña

RECOMENDACIONES DEL *Chef*

Utilizar como aderezo para postres tropicales o como topping para cócteles y bebidas frías.

1. Ensalada de frutas tropicales
2. Brochetas de pollo con piña a la parrilla
3. Salmón a la parrilla con salsa de piña
4. Arroz frito con piña y camarones
5. Tacos de pescado con salsa de piña

6. Pollo agridulce con piña
7. Helado de piña casero
8. Pastel de zanahoria con cobertura de piña
9. Smoothie de piña y coco
10. Piña colada casera

ESPUMA DE FRUTAS

En la cocina moderna, existe una técnica innovadora que ha ganado popularidad en la creación de texturas inusuales y sabores intensos. La espuma de frutas es un ejemplo perfecto de cómo la ciencia y la gastronomía se unen para ofrecer una experiencia culinaria única.

Al jugar con la química de los alimentos, los chefs pueden transformar simples purés de frutas en delicadas y etéreas burbujas de sabor. La espuma de frutas no solo añade un toque visualmente impactante a los platos, sino que también aporta una textura ligera y aireada que despierta los sentidos. Esta técnica, propia de la cocina molecular, ha revolucionado la forma en que se conciben los postres y aperitivos, llevando la creatividad culinaria a un nivel completamente nuevo.

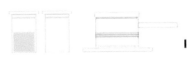

INGREDIENTES | PREPARACION | 4 COMENSALES

- 200 g de frutas frescas (puedes usar fresas, frambuesas, mango, etc.)
- 100 ml de agua
- 50 g de azúcar
- 2 g de lecitina de soja en polvo

Instrucciones:

1. Lava y corta las frutas en trozos pequeños.
2. En una olla, calienta el agua y el azúcar hasta que el azúcar se disuelva por completo.
3. Agrega las frutas a la mezcla de agua y azúcar y cocina a fuego medio durante unos minutos hasta que las frutas se ablanden.
4. Retira del fuego y deja enfriar la mezcla.
5. Una vez fría, coloca las frutas y el líquido en una licuadora y mezcla hasta obtener un puré suave.
6. Agrega la lecitina de soja en polvo y vuelve a mezclar durante unos minutos para que se integre bien.
7. Llena un sifón de cocina con la mezcla y ciérralo herméticamente.
8. Carga el sifón con una cápsula de gas para nata y agita enérgicamente durante unos segundos.
9. Sirve la espuma de frutas en copas o platos y disfruta de este delicioso postre en forma de espuma.

UTENSILIOS NECESARIOS

1. Licuadora
2. Colador
3. Recipiente para mezclar
4. Batidora eléctrica
5. Moldes individuales

Espuma de Frutas

 RECOMENDACIONES DEL *Chef*

Servir como topping para postres o como acompañamiento de platos principales.

1. Tarta de frutas frescas
2. Helado de frutas
3. Ensalada de frutas
4. Crepes rellenos de frutas
5. Yogur con frutas y granola
6. Smoothie de frutas

7. Mousse de chocolate con frutas
8. Pastel de queso con salsa de frutas
9. Parfait de frutas y yogur
10. Pudín de frutas

ESPUMA DE CAFÉ

La creatividad y la experimentación son clave para sorprender a los comensales. Algunos chefs han encontrado en un ingrediente inesperado la clave para elevar sus platos: la textura ligera y esponjosa de la espuma. Esta técnica, conocida como espuma de café, ha revolucionado la gastronomía molecular al agregar un toque innovador a postres y bebidas.

La espuma de café se logra mediante la combinación de café fuerte, lecitina de soja y aire, creando una textura suave y delicada que contrasta con la intensidad del sabor del café. Esta técnica no solo añade un elemento visualmente atractivo a los platos, sino que también aporta una experiencia sensorial única que despierta los sentidos de quienes la prueban.

INGREDIENTES | PREPARACION | 4 COMENSALES

Ingredientes:

- 250 ml de café fuerte
- 100 ml de nata para montar
- 50 g de azúcar
- 2 g de lecitina de soja (emulsionante)

Instrucciones:

1. Prepara el café fuerte y déjalo enfriar por completo.
2. En un recipiente, mezcla la nata para montar con el azúcar y la lecitina de soja.
Bate la mezcla con una batidora de mano hasta que esté bien integrada y comience a espesar.
3. Agrega el café frío a la mezcla de nata y sigue batiendo hasta que se forme una espuma suave y consistente.
4. Una vez que la espuma esté lista, puedes verterla en copas individuales o recipientes pequeños para servir.
5. Para darle un toque final, puedes espolvorear un poco de cacao en polvo o canela por encima de la espuma de café.

UTENSILIOS NECESARIOS

1. Sifón de cocina
2. Cápsulas de óxido nitroso
3. Cafetera espresso
4. Molinillo de café
5. Termómetro de cocina
6. Recipiente para calentar la leche
7. Taza para servir

Espuma de Café

 RECOMENDACIONES DEL *Chef*

Utilizar como topping para postres con sabor a café o como aderezo para bebidas calientes.

1. Galletas de mantequilla
2. Mini tartas de frutas
3. Brownies de chocolate
4. Tarta de queso
5. Magdalenas de vainilla
6. Crepes con frutas frescas

7. Muffins de arándanos
8. Tarta de manzana
9. Bizcocho de limón
10. Trufas de chocolate

GELIFICACIÓN

La gelificación es una técnica fundamental en la cocina molecular que transforma líquidos en geles sólidos o semi-sólidos, utilizando agentes gelificantes. Este proceso no solo altera la textura de los ingredientes, sino que también permite a los chefs presentar alimentos de maneras innovadoras y visualmente impresionantes. La técnica de gelificación se emplea para crear una amplia variedad de platos, desde gelatinas dulces hasta esferas sólidas de sopas o salsas.

Proceso de Gelificación

La gelificación se basa en la capacidad de ciertos agentes gelificantes para formar redes tridimensionales que atrapan líquido, convirtiéndolo en un gel. El proceso puede variar según el agente gelificante utilizado, pero generalmente implica los siguientes pasos:

Disolver el Agente Gelificante: El agente gelificante se disuelve en un líquido base, que puede ser agua, jugo, caldo, o cualquier otro líquido. La disolución puede requerir calor para activar el agente.

Activación y Gelificación: El líquido con el agente disuelto se calienta y luego se enfría para activar la formación de gel. Algunos gelificantes, como la gelatina, requieren enfriamiento, mientras que otros, como el agar-agar, gelifican a temperatura ambiente.

Moldes y Formas: El líquido se vierte en moldes para obtener la forma deseada. Una vez gelificado, el gel puede ser cortado, moldeado o esculpido para crear diversas presentaciones.

Ingredientes

Agar-Agar: Un polisacárido extraído de algas rojas, que gelifica a temperatura ambiente y es adecuado para geles firmes y estables.

Gelatina: Una proteína obtenida del colágeno animal, que requiere enfriamiento para gelificar y produce geles suaves y elásticos.

Carragenina: Otro gelificante derivado de algas, utilizado para crear geles suaves y flexibles.

Goma Xantana: Un polisacárido utilizado para espesar y estabilizar líquidos, aunque no forma geles sólidos.

Pectina: Naturalmente presente en frutas, se utiliza principalmente para hacer mermeladas y geles de frutas.

Alginato de Sodio: Utilizado en combinación con calcio para formar geles esféricos (esferificación).

Utensilios Necesarios

Balanza de Precisión: Para medir con exactitud los ingredientes.

Cazuela o Sartén: Para calentar y disolver el agente gelificante en el líquido.

Termómetro de Cocina: Para controlar la temperatura durante la activación del gelificante.

Batidor o Licuadora: Para mezclar y disolver completamente los gelificantes.

Moldes de Silicona: Para darle forma al líquido gelificado.

Cuchillos y Cortadores: Para cortar y dar forma a los geles una vez solidificados.

Aplicaciones en la Cocina Gourmet y Molecular

La gelificación se utiliza en la cocina molecular para crear texturas únicas y presentaciones innovadoras. Algunas aplicaciones comunes incluyen:

Gelatinas de Frutas: Geles dulces hechos con jugos de frutas, servidos como postres o componentes de platos más complejos.

Esferas y Caviar: Utilizando técnicas de esferificación, se pueden crear pequeñas perlas de gel de sabores concentrados que explotan en la boca.

Terrinas y Patés: Geles salados que encapsulan ingredientes como vegetales, carnes o pescados, presentados en rebanadas decorativas.

Gelificados de Cócteles: Bebidas alcohólicas transformadas en geles sólidos, proporcionando una forma divertida e innovadora de servir cócteles.

Geles Transparentes: Caldos o consomés clarificados gelificados para añadir textura y sabor sin alterar la claridad del plato.

Nubes y Espumas Gelificadas: Geles aireados y ligeros, creados utilizando técnicas de batido o sifonado, para añadir una textura etérea a los platos.

La gelificación es una técnica versátil que permite a los chefs jugar con las texturas y presentaciones de los alimentos, proporcionando una experiencia culinaria novedosa y atractiva. Al transformar líquidos en sólidos, la gelificación abre un mundo de posibilidades creativas en la cocina gourmet y molecular, permitiendo la creación de platos que son tanto visualmente deslumbrantes como deliciosamente innovadores.

GEL DE VINO

En la cocina molecular, la experimentación es fundamental. Un ingrediente innovador que ha ganado popularidad es el gel de vino. Este producto versátil y delicioso permite a los chefs jugar con texturas y presentaciones únicas en sus platos.

Al incorporar el gel de vino en las recetas, se logra una explosión de sabor que eleva el plato a otro nivel. Su consistencia gelatinosa y su sabor intenso añaden un toque sofisticado y original a cualquier creación culinaria. Los chefs más atrevidos lo utilizan para dar un giro inesperado a postres, entrantes e incluso platos principales.

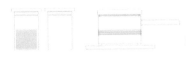

INGREDIENTES | PREPARACION | 4 COMENSALES

Ingredientes:

- 500 ml de vino tinto
- 2 g de agar-agar en polvo

Instrucciones:

1. Vierte el vino tinto en una olla y caliéntalo a fuego medio.
2. Agrega el agar-agar en polvo al vino caliente y mezcla bien para que se disuelva por completo.
3. Lleva la mezcla a ebullición y cocina durante 2-3 minutos, removiendo constantemente.
4. Retira la olla del fuego y vierte la mezcla en moldes individuales o recipientes planos.
5. Deja que el gel de vino se enfríe a temperatura ambiente y luego refrigéralo durante al menos 1 hora para que se solidifique.

UTENSILIOS NECESARIOS

1. Espátula de silicona
2. Batidora de mano
3. Termómetro de cocina
4. Recipientes para medir
5. Moldes individuales

Gel de Vino

RECOMENDACIONES DEL *Chef*

Acompañar con quesos y frutos secos para un postre elegante.

1. Carpaccio de res con rúcula y parmesano.
2. Ensalada de queso de cabra con frutos secos y miel.
3. Salmón ahumado con crema de aguacate.
4. Tostadas de foie gras con mermelada de higos.
5. Croquetas de jamón ibérico.
6. Tartar de atún con aguacate.

7. Mini hamburguesas gourmet.
8. Pinchos de pollo teriyaki.
9. Rollitos de primavera con salsa agridulce.
10. Brochetas de langostinos con salsa de mango.

GEL DE VINAGRE BALSÁMICO

En la cocina moderna, un ingrediente versátil y poco convencional que ha ganado popularidad es el gel de vinagre balsámico. Este gel, con su textura única y sabor intenso, añade un toque sofisticado a platos tanto dulces como salados.

Al incorporar el gel de vinagre balsámico en las preparaciones culinarias, se logra un equilibrio perfecto entre lo ácido y lo dulce, realzando los sabores de los ingredientes principales. Los chefs de la cocina molecular han descubierto en este ingrediente una herramienta invaluable para crear platos innovadores y llenos de matices, elevando así la experiencia gastronómica a un nivel superior.

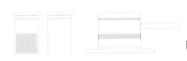

INGREDIENTES | PREPARACION | 4 COMENSALES

Ingredientes:

- 500 ml de vinagre balsámico
- 2 g de agar-agar en polvo

Instrucciones:

1. Vierte el vinagre balsámico en una cacerola y caliéntalo a fuego medio hasta que alcance una temperatura de alrededor de 60-70°C. Es importante no llevarlo a ebullición.
2. Agrega el agar-agar en polvo al vinagre balsámico caliente y mezcla bien con un batidor de varillas para asegurarte de que se disuelva por completo.
3. Continúa calentando la mezcla durante unos minutos más, revolviendo constantemente para evitar que se formen grumos.
4. Una vez que el agar-agar esté completamente disuelto y la mezcla haya espesado ligeramente, retira la cacerola del fuego.
5. Vierte la mezcla en un molde para gel y déjala enfriar a temperatura ambiente durante unos minutos.
6. Luego, coloca el molde en el refrigerador y deja que el gel de vinagre balsámico se enfríe y solidifique por completo, aproximadamente durante 1-2 horas.
7. Una vez que el gel esté firme, retíralo del molde con cuidado y córtalo en porciones del tamaño deseado.

UTENSILIOS NECESARIOS

1. Espátula de silicona
2. Termómetro de cocina
3. Recipientes de medición
4. Batidora de mano
5. Jeringa de cocina
6. Tamiz de cocina
7. Balanza de precisión

Gel de vinagre Balsamico

RECOMENDACIONES DEL *Chef*

Acompañar con fresas y helado de vainilla para un postre sofisticado.

1. Ensalada Caprese con Gel de Vinagre Balsámico
2. Carpaccio de ternera con Gel de Vinagre Balsámico
3. Salmón a la parrilla con Gel de Vinagre Balsámico
4. Risotto de hongos con Gel de Vinagre Balsámico
5. Pollo a la parrilla con Gel de Vinagre Balsámico
6. Verduras asadas con Gel de Vinagre Balsámico
7. Tostadas de queso de cabra con Gel de Vinagre Balsámico

8. Pizza de prosciutto y rúcula con Gel de Vinagre Balsámico
9. Bruschetta de tomate y albahaca con Gel de Vinagre Balsámico
10. Helado de vainilla con Gel de Vinagre Balsámico como topping

GEL DE MARTINI

En los tiempos actuales, la creatividad y la innovación son clave en una buena cocina. Un ingrediente que ha ganado popularidad en la alta gastronomía es el gel de Martini. Este gel, elaborado a partir de la famosa bebida, aporta una textura única y un sabor intenso que realza cualquier plato.

La versatilidad del gel de Martini permite incorporarlo en postres, entrantes e incluso platos principales, añadiendo un toque sofisticado y original a las creaciones culinarias. Los chefs experimentan con diferentes presentaciones y combinaciones, explorando los límites de la cocina molecular y creando experiencias gastronómicas memorables para sus comensales.

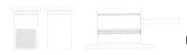

INGREDIENTES | PREPARACION | 4 COMENSALES

Ingredientes:

- 250 ml de Martini seco
- 2 g de agar-agar en polvo
- Aceitunas verdes para decorar

Instrucciones:

1. Vierte el Martini seco en un cazo y caliéntalo a fuego medio-bajo hasta que esté caliente pero no hirviendo.
2. Agrega el agar-agar en polvo al Martini caliente y mezcla bien con una varilla de cocina para asegurarte de que se disuelva por completo.
3. Continúa calentando la mezcla durante unos minutos, revolviendo constantemente para evitar que se formen grumos.
4. Retira la mezcla del fuego y déjala reposar durante unos minutos para que se enfríe ligeramente.
5. Vierte la mezcla de Martini en moldes para gelatinas o recipientes individuales y déjala enfriar a temperatura ambiente durante al menos 1 hora, o hasta que esté completamente cuajada.
6. Una vez que el gel de Martini esté firme, puedes desmoldarlo con cuidado y decorarlo con aceitunas verdes antes de servir.

UTENSILIOS NECESARIOS

1. Espátula de silicona
2. Termómetro de cocina
3. Batidora de mano
4. Recipientes de medición
5. Molde para gelificación
6. Pipeta graduada
7. Espumadera

Gel de Martini

RECOMENDACIONES DEL *Chef*

Servir como aperitivo o como parte de un cóctel molecular.

1. Mini brochetas de mozzarella cherry y albahaca.
2. Tostadas de aguacate y tomate cherry.
3. Crostini de salmón ahumado y queso crema.
4. Pinchos de jamón serrano y melón.
5. Canapés de foie gras con mermelada de higos.

6. Rollitos de pepino con salmón y queso crema.
7. Mini empanadas de carne.
8. Bolitas de queso de cabra con pistachos.
9. Chips de batata con guacamole.
10. Brochetas de pollo teriyaki.

GEL DE CERVEZA

La creatividad y la experimentación son clave para sorprender a los comensales. Un ingrediente innovador que ha ganado popularidad es el gel de cerveza. Este gel, elaborado a partir de la cerveza, aporta un sabor único y una textura sorprendente a los platos.

Al incorporar el gel de cerveza en las preparaciones culinarias, se logra una combinación perfecta entre lo tradicional y lo vanguardista. Los chefs expertos en cocina molecular han descubierto que este ingrediente puede transformar un plato común en una experiencia gastronómica inolvidable. La versatilidad del gel de cerveza permite jugar con diferentes presentaciones y sabores, agregando un toque de originalidad a cada creación culinaria.

INGREDIENTES | PREPARACION | 4 COMENSALES

Ingredientes:
- 500 ml de cerveza
- 2 g de agar-agar en polvo

Instrucciones:

1. Vierte la cerveza en una cacerola y caliéntala a fuego medio hasta que esté caliente pero no hirviendo.
2. Agrega el agar-agar en polvo a la cerveza caliente y mezcla bien con un batidor para asegurarte de que esté completamente disuelto.
3. Continúa calentando la mezcla durante unos minutos, revolviendo constantemente para evitar que se formen grumos.
4. Una vez que la mezcla esté bien caliente y el agar-agar esté completamente disuelto, retira la cacerola del fuego.

5. Vierte la mezcla en moldes para gelificar y déjala enfriar a temperatura ambiente durante unos minutos.
6. Luego, refrigera los moldes durante al menos 1 hora o hasta que el gel de cerveza esté completamente cuajado.
7. Una vez que el gel de cerveza esté listo, puedes desmoldarlo y servirlo como acompañamiento o decoración en tus platos.

UTENSILIOS NECESARIOS

1. Espátula de silicona
2. Termómetro de cocina
3. Recipiente para mezclar
4. Batidora de mano
5. Moldes para gelificación

Gel de Cerveza

 RECOMENDACIONES DEL *Chef*

Servir como parte de un plato principal o como acompañamiento para carnes asadas.

1. Tacos de pescado con salsa de mango y cilantro
2. Brochetas de pollo marinadas en cerveza y especias
3. Ensalada de camarones con aguacate y aderezo de cerveza
4. Costillas de cerdo glaseadas con salsa de cerveza y miel
5. Papas bravas con alioli de cerveza
6. Mini hamburguesas de ternera con cebolla caramelizada y queso cheddar

7. Alitas de pollo picantes con salsa de cerveza y miel
8. Tostadas de atún marinado en cerveza con guacamole
9. Croquetas de jamón y queso con salsa de cerveza
10. Nachos con chili con carne y queso fundido

NITRÓGENO LÍQUIDO

El uso de nitrógeno líquido en la cocina molecular es una técnica innovadora que permite a los chefs congelar rápidamente ingredientes, crear texturas únicas y presentar platos visualmente impresionantes. El nitrógeno líquido, con una temperatura de -196 °C (-320 °F), es extremadamente frío y puede transformar ingredientes en segundos, abriendo un mundo de posibilidades culinarias. Esta técnica se ha popularizado en la cocina gourmet por su capacidad de sorprender y deleitar a los comensales.

Proceso de Uso del Nitrógeno Líquido

El uso de nitrógeno líquido en la cocina requiere una comprensión básica de su manejo seguro, ya que es un material extremadamente frío que puede causar quemaduras por congelación si no se manipula adecuadamente. Aquí se describe el proceso general para utilizar nitrógeno líquido en varias aplicaciones culinarias:

Preparación y Seguridad

Equipo de Protección Personal:

Usar guantes térmicos resistentes al frío y gafas de seguridad para protegerse de las salpicaduras.
Utilizar ropa de manga larga para proteger la piel.

Almacenamiento y Manejo:

Almacenar el nitrógeno líquido en un recipiente adecuado (dewar) diseñado para manejar temperaturas extremadamente bajas.
Manejar en un área bien ventilada para evitar la acumulación de gas nitrógeno, que puede desplazar el oxígeno en el aire.

Aplicaciones en la Cocina
Congelación Rápida:

Sumergir rápidamente los ingredientes en nitrógeno líquido para congelarlos instantáneamente. Esto es ideal para hacer helados o sorbetes, ya que se evita la formación de cristales de hielo grandes, resultando en una textura suave y cremosa.
Ejemplo: Helado de vainilla al instante. Mezclar la base del helado y verterla lentamente en un bol con nitrógeno líquido mientras se agita continuamente hasta que se congele.

Hacer Polvos y Triturados:

Congelar ingredientes como frutas o hierbas con nitrógeno líquido y luego triturarlos para crear polvos finos o texturas crujientes.
Ejemplo: Polvo de frambuesa. Congelar frambuesas frescas y luego triturarlas en un mortero o licuadora para hacer un polvo fino que se puede usar como guarnición o en postres.

Efectos Visuales y Sensaciones:

Crear efectos visuales impresionantes al añadir nitrógeno líquido a los platos, generando nubes de vapor mientras se sirve.
Ejemplo: Cócteles con niebla. Verter un poco de nitrógeno líquido en la base del vaso antes de servir el cóctel, creando un efecto de niebla mística cuando se sirve la bebida.
Texturas Innovadoras:

Crear texturas crujientes y únicas al congelar
ingredientes como merengues o espumas.

Ejemplo: Merengues crujientes. Hacer merengue, formarlo en pequeñas porciones y congelar con nitrógeno líquido para obtener una textura crujiente y ligera.

Ingredientes y Utensilios Necesarios

Nitrógeno Líquido: El componente principal, que debe ser manejado con cuidado.

Ingredientes Base:

Cualquier líquido o mezcla que se desee congelar, como bases de helado, purés de frutas, etc.

Guantes Térmicos y Gafas de Seguridad: Para protección.

Recipientes Adecuados: Bol de acero inoxidable o recipientes aptos para temperaturas extremadamente bajas.

Cucharones y Espátulas: Para manipular los ingredientes congelados.

Batidora de Mano o Licuadora: Para mezclar los ingredientes y evitar la formación de cristales de hielo grandes.

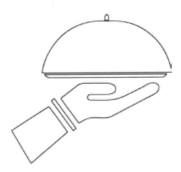

Aplicaciones en la Cocina Gourmet y Molecular

El uso de nitrógeno líquido permite a los chefs explorar nuevas texturas y presentaciones en la cocina gourmet y molecular. Algunas aplicaciones comunes incluyen:

Helados y Sorbetes Instantáneos: Crear helados con una textura excepcionalmente suave y cremosa al congelar la mezcla base al instante.

Congelación de Hierbas y Flores: Congelar hierbas y flores comestibles para utilizarlas como guarnición en platos y cócteles.

Cócteles con Efecto de Humo: Añadir nitrógeno líquido a cócteles para crear efectos de humo dramáticos.

Texturas Crujientes y Polvos: Transformar frutas, hierbas y otros ingredientes en texturas crujientes y polvos finos para añadir a platos y postres.

Esferas Congeladas: Crear esferas de líquidos que se congelan instantáneamente, añadiendo un elemento de sorpresa cuando se consumen.

El uso de nitrógeno líquido en la cocina molecular no solo transforma la textura y presentación de los alimentos, sino que también ofrece una experiencia multisensorial que encanta a los comensales. Al dominar esta técnica, los chefs pueden crear platos innovadores y memorables que combinan ciencia y arte culinario de manera espectacular.

RECETAS

HELADO INSTANTÁNEO

Algunos chefs han incorporado técnicas revolucionarias que permiten transformar ingredientes comunes en delicias inesperadas. Un ejemplo de esto es el helado instantáneo, una técnica de la cocina molecular que ha cautivado a muchos amantes de los postres.

Al utilizar nitrógeno líquido a temperaturas extremadamente bajas, es posible congelar rápidamente una mezcla de crema, leche y azúcar, creando así un helado suave y cremoso en cuestión de segundos. Este proceso, además de ser visualmente impactante, resulta en una textura única y un sabor intenso que deleita a quienes lo prueban. El helado instantáneo en la cocina molecular ha revolucionado la forma en que se disfrutan los postres, ofreciendo una experiencia culinaria inigualable.

INGREDIENTES | PREPARACION | 4 COMENSALES

Helado de Vainilla con Nitrógeno Líquido

Ingredientes:

500 ml de crema para batir
250 ml de leche entera
150 g de azúcar
1 vaina de vainilla (o 2 cucharaditas de extracto de vainilla)
Nitrógeno líquido
Instrucciones:

Mezclar la crema, la leche, el azúcar y la vainilla en un bol.
Agitar bien hasta que el azúcar se disuelva completamente.
Verter lentamente la mezcla en un bol de acero inoxidable mientras se añade nitrógeno líquido en pequeñas cantidades.
Batir continuamente mientras se añade nitrógeno líquido hasta que la mezcla alcance la consistencia deseada de helado.

UTENSILIOS NECESARIOS

1. Nitrógeno líquido
2. Recipiente resistente al frío
3. Espátula de metal
4. Guantes de protección
5. Gafas de seguridad

HELADO INSTANTANEO

RECOMENDACIONES DEL *Chef*

Servir inmediatamente para disfrutar de un helado suave y cremoso.

1. Brownies de chocolate
2. Galletas caseras
3. Tarta de frutas frescas
4. Crepes con salsa de frutas
5. Helado de chocolate caliente
6. Tarta de queso con frutos rojos

7. Profiteroles rellenos de helado
8. Mousse de chocolate
9. Banana split
10. Helado con salsa de caramelo y nueces

DESCONSTRUCCIÓN

La desconstrucción es una técnica en la cocina molecular que implica tomar un plato clásico y deconstruir sus componentes para presentarlos de una manera innovadora y sorprendente, manteniendo sus sabores originales. Esta técnica no solo transforma la apariencia y la textura de los alimentos, sino que también permite a los chefs jugar con la percepción y la experiencia gastronómica de los comensales. El chef Ferran Adrià, del famoso restaurante elBulli, es ampliamente reconocido por popularizar esta técnica.

Proceso de Desconstrucción

La desconstrucción en la cocina molecular sigue un proceso meticuloso que incluye descomponer un plato en sus elementos básicos y reconfigurarlos de formas nuevas y creativas. Aquí se describen los pasos generales para llevar a cabo la desconstrucción de un plato:

Análisis del Plato Original:

Identificar los ingredientes y componentes clave del plato clásico.

Desglosar los sabores, texturas y aromas que caracterizan el plato.

Transformación de Componentes:

Utilizar técnicas de cocina molecular para alterar la textura y apariencia de los ingredientes. Esto puede incluir esferificación, gelificación, aireación, congelación con nitrógeno líquido, entre otros.

Asegurarse de que cada componente mantiene su sabor original o lo realza.

Reensamblaje Creativo:

Reconfigurar los componentes transformados de manera que presenten una nueva interpretación del plato clásico. Crear una presentación visualmente atractiva y sorprendente que desafíe las expectativas del comensal.

Ingredientes y Utensilios Necesarios

Ingredientes Base del Plato Original: Todos los ingredientes necesarios para preparar el plato clásico.

Agentes Gelificantes y Estabilizadores: Agar-agar, gelatina, goma xantana, lecitina de soya, etc., para transformar texturas.

Equipos de Cocina Molecular:

Sifón de Espuma (iSi Whip) para aireaciones.
Nitrógeno Líquido para congelación instantánea.
Cucharas de Esferificación y Moldes de Silicona.
Batidora de Mano y Licuadora de Alta Velocidad.

Aplicaciones en la Cocina Gourmet y Molecular

La desconstrucción se utiliza para reinventar platos clásicos y proporcionar una experiencia gastronómica novedosa y emocionante. Algunas aplicaciones comunes incluyen:

Desconstrucción de Postres:

Transformar un tiramisú clásico en componentes individuales como esferas de café, espuma de mascarpone y gelatina de licor, presentados por separado.
Desconstrucción de Platos Principales:

Desmontar un gazpacho tradicional en geles de tomate, esferas de pepino y espuma de ajo, sirviendo cada elemento por separado pero con los sabores originales intactos.
Cócteles Desconstruidos:

Convertir un mojito en esferas de ron, aire de menta y gel de limón, ofreciendo una nueva forma de disfrutar el cóctel clásico.
Tapas y Aperitivos:

Desmontar una tortilla de patatas en espuma de patata, gel de cebolla caramelizada y chips de huevo, proporcionando un enfoque moderno a un plato tradicional español.

La técnica de desconstrucción en la cocina molecular permite a los chefs reinventar platos clásicos de manera innovadora, jugando con texturas, formas y presentaciones. Al transformar los componentes individuales del plato y reensamblarlos de formas nuevas y sorprendentes, se ofrece a los comensales una experiencia gastronómica única que desafía sus expectativas y deleita sus sentidos. Esta técnica es una poderosa herramienta en la cocina gourmet, proporcionando un medio para explorar y celebrar los sabores tradicionales de maneras completamente nuevas.

ESPAGUETIS DE FRUTAS

En la cocina moderna, se experimenta con ingredientes inusuales para crear platos innovadores y sorprendentes. Uno de los ejemplos más destacados es la técnica de preparar una versión única de espaguetis. Estos espaguetis, en lugar de estar hechos de pasta tradicional, son elaborados a partir de frutas frescas y jugosas, como mango, fresa y kiwi.

La técnica de crear estos espaguetis de frutas en la cocina molecular ha revolucionado la forma en que se conciben los postres y aperitivos. La combinación de sabores y texturas resultante es una experiencia culinaria verdaderamente única y deliciosa. Los chefs creativos han sabido aprovechar al máximo esta técnica para deleitar a los comensales con platos visualmente atractivos y llenos de sabor.

INGREDIENTES | PREPARACION | 4 COMENSALES

Ingredientes:

- 500 ml de zumo de frutas (puedes usar una mezcla de frutas como fresas, mango, piña, etc.)
- 2 g de agar-agar en polvo
- 1 jeringa de cocina
- Agua para preparar el agar-agar

Instrucciones:

1. Mezcla el zumo de frutas con el agar-agar en un cazo a fuego medio.
2. Lleva la mezcla a ebullición y remueve constantemente durante 2 minutos.
3. Retira del fuego y deja reposar unos minutos.
4. Llena la jeringa de cocina con la mezcla de agar-agar y zumo de frutas.

5. Coloca la jeringa sobre un recipiente con agua fría y exprime la mezcla para formar los espaguetis de frutas.
6. Los espaguetis se solidificarán al entrar en contacto con el agua fría.
7. Sirve los espaguetis de frutas como guarnición o como parte de un postre.

UTENSILIOS NECESARIOS

1. Espiralizador de vegetales
2. Jeringa de cocina
3. Sifón de cocina
4. Balanza de precisión
5. Termómetro de cocina
6. Pipetas
7. Espátula de silicona
8. Molde de silicona

Espaguetis de Frutas

RECOMENDACIONES DEL *Chef*

Acompañar con una salsa de frutas frescas para un postre ligero y refrescante.

1. Helado de vainilla
2. Crema batida
3. Salsa de chocolate
4. Galletas de mantequilla
5. Crema de avellanas

6. Yogur natural
7. Frutos secos picados
8. Miel o jarabe de arce
9. Coco rallado

RESTAURANTES recomendados

Estos restaurantes son reconocidos internacionalmente por su excelencia culinaria y su enfoque innovador en la cocina, incluyendo técnicas de cocina molecular en sus creaciones gastronómicas.

RESTAURANTE	DIRECCIÓN	CHEF PRINCIPAL
El Celler de Can Roca	Can Sunyer, 48, 17007 Girona, España	Joan Roca
Alinea	1723 N Halsted St, Chicago, IL 60614, Estados Unidos	Grant Achatz
Mugaritz	Aldura Gunea Aldea, 20, 20100 Errenteria, Gipuzkoa, España	Andoni Luis Aduriz
Geranium	Per Henrik Lings Allé 4, 8., 2100 København Ø, Dinamarca	Rasmus Kofoed
The Fat Duck	High St, Bray SL6 2AQ, Reino Unido	Heston Blumenthal
Azurmendi	Corredor del Txorierri, s/n, 48195 Larrabetzu, Bizkaia, España	Eneko Atxa
Quintonil	Newton 55, Polanco, Polanco II Secc, 11560 Ciudad de México, CDMX, México	Jorge Vallejo
Tickets	Avinguda del Paral·lel, 164, 08015 Barcelona, España	Albert Adrià
Central	Santa Isabel 376, Miraflores, Lima, Perú	Virgilio Martínez
Disfrutar	Carrer de Villarroel, 163, 08036 Barcelona, España	Oriol Castro, Mateu Casañas, Eduard Xatruch

GLOSARIO de Términos

1. Esferificación: Proceso en el que se transforma un líquido en esferas gelatinosas mediante el uso de agentes gelificantes como el alginato de sodio y el cloruro de calcio.

2. Emulsificación: Técnica que consiste en mezclar ingredientes que normalmente no se combinan fácilmente, como agua y aceite, para formar una emulsión estable utilizando emulsionantes como la lecitina de soja.

3. Gelificación: Proceso mediante el cual un líquido se convierte en gel, adquiriendo una textura firme pero elástica. Se puede lograr mediante agentes gelificantes como el agar-agar o la gelatina.

4. Aireación: Proceso de incorporar aire en una preparación culinaria para obtener una textura ligera y espumosa. Se puede lograr utilizando herramientas como el espumador de leche o la batidora de mano.

5. Texturas esponjosas: Resultado de la aireación de una mezcla, que produce una textura ligera y aireada, similar a la de una espuma.

6. Sferificación inversa: Variante de la esferificación en la que el líquido a encapsular se encuentra en el centro y está rodeado por una membrana sólida. Se utiliza para crear esferas con rellenos líquidos.

7. Gel de alcohol: Gelatina elaborada a partir de bebidas alcohólicas, como vino, cerveza o licores, utilizando agentes gelificantes para solidificar el líquido.

8. Aire de frutas: Espuma ligera y aromática obtenida mediante la aireación de jugos de frutas frescas, a menudo con la adición de lecitina de soja como emulsionante.

9. Gel de frutas: Gelatina elaborada a partir de purés o jugos de frutas, utilizada para agregar sabor y textura a postres y platos salados.

10. Reacciones químicas: Transformaciones que ocurren entre los ingredientes de una preparación culinaria a nivel molecular, como la caramelización, la maillardización y la gelificación.

11. Nitrógeno líquido: Elemento utilizado en la cocina molecular como agente de congelación instantánea, permitiendo la creación de texturas únicas y presentaciones sorprendentes.

12. Gelatina caliente: Técnica que consiste en mezclar ingredientes calientes con gelatina para formar un gel firme cuando se enfría.

13. Espumas: Preparaciones culinarias ligeras y aireadas obtenidas mediante la aireación de líquidos, como sopas, salsas o cremas, con la ayuda de un sifón de espuma.

14. Inyección de sabores: Técnica que implica la inyección de líquidos aromáticos o salsas en ingredientes sólidos para infundirles sabor y mejorar su textura.

15. Caviar de aceite: Pequeñas esferas de aceite obtenidas mediante la esferificación, utilizadas como decoración o para agregar sabor a platos y cócteles.

UTENSILIOS Y USO

cuchara con bascula
de precisión

cámara de vacio

cuchara perforada

UTENSILIOS MAS USADOS

Sifón: El sifón es un impulsor del N2O (óxido nitroso) con el que se pueden realizar purés, aires o mousses.

Cucharilla Lotus: Utilizada en la mixología molecular, esta cucharilla es ideal para mezclar ingredientes de forma precisa.

Caviar Box: Un accesorio para crear "caviar" líquido mediante la técnica de esferificación.

Balanzas de precisión: Es importante medir los ingredientes con precisión en la cocina molecular.

Jeringas: Se utilizan para inyectar líquidos en alimentos.

Salseros: Estos pequeños recipientes son útiles para presentar salsas y espumas.

Medidor de pH: Controlar el pH es esencial para lograr reacciones químicas específicas.

Cucharillas medidoras: Para medir pequeñas cantidades de ingredientes.

sifón de nitrógeno

UTENSILIO	USO
Balanza de precisión	Medir con exactitud la cantidad de ingredientes en cada receta.
Espátulas de silicona	Mezclar ingredientes y raspar recipientes, son resistentes al calor.
Batidora de mano	Mezclar y airear líquidos, útil en la preparación de espumas y emulsiones.
Sifón de espuma	Crear espumas ligeras y aireadas a partir de líquidos, como sopas y salsas.
Jeringas de precisión	Dosificar líquidos con precisión en técnicas como la esferificación.
Pipetas	Medir y transferir pequeñas cantidades de líquidos, especialmente útiles en la creación de esferas y caviar.
Espumador de leche	Airear líquidos y crear espumas, especialmente en bebidas y postres.
Moldes para gelatinas	Dar forma a geles y gelatinas en diferentes presentaciones y tamaños.
Recipientes de laboratorio	Preparar y manipular líquidos en la cocina molecular.
Cacerolas y ollas	Calentar y mezclar ingredientes, preparar baños de agua para técnicas de gelificación.
Batidor de varillas	Mezclar ingredientes manualmente y asegurar una distribución uniforme.
Termómetro de cocina	Controlar la temperatura de los ingredientes y preparaciones.
Recipientes para baños de agua	Calentar ingredientes de forma suave y controlada.
Bandejas y moldes para congelar	Preparar sorbetes, helados y otras preparaciones que requieren congelación rápida.
Pinzas de precisión	Manipular ingredientes y preparaciones con precisión, útiles en presentaciones elaboradas.

Glosario de BEBIDAS INNOVADORAS

Aquí tienes algunas recetas de bebidas utilizando técnicas de cocina molecular:

1. Mojito Esferificado
- Ingredientes: Ron blanco, hojas de menta, azúcar, lima, agua carbonatada, alginato de sodio, cloruro de calcio.
- Proceso: Haz un mojito tradicional y mezcla con alginato de sodio. En un baño de cloruro de calcio, deja caer la mezcla para formar esferas que encapsulan el mojito.

2. Gin Tonic con Aire de Lima
- Ingredientes: Gin, tónica, lima, lecitina de soja.
- Proceso: Prepara un gin tonic de manera tradicional. Aparte, mezcla el jugo de lima con lecitina de soja y bate hasta formar un aire ligero y espumoso. Añade este aire encima del gin tonic.

3. Margarita con Espuma de Sal
- Ingredientes: Tequila, triple sec, jugo de limón, agua, sal, lecitina de soja.
- Proceso: Mezcla tequila, triple sec y jugo de limón para hacer un margarita clásico. Aparte, mezcla agua con sal y lecitina de soja, y bate hasta obtener una espuma. Sirve el margarita y coloca la espuma de sal encima.

4. Cóctel de Vino con Perlas de Sangría
- Ingredientes: Vino tinto, frutas variadas, azúcar, agar-agar.
- Proceso: Prepara una sangría tradicional y calienta una parte de ella con agar-agar. Al enfriar, forma gotas de la mezcla en aceite frío para crear perlas de sangría. Sirve el vino con las perlas suspendidas.

5. Cerveza con Espuma de Miel
- Ingredientes: Cerveza, miel, agua, lecitina de soja.
- Proceso: Calienta la miel con un poco de agua y mezcla con lecitina de soja. Usa un batidor o sifón para crear una espuma aireada. Sirve la cerveza y añade la espuma de miel encima.

Estas bebidas no solo son deliciosas, sino que también ofrecen una experiencia visual y sensorial única, típica de la cocina molecular.

NOTAS

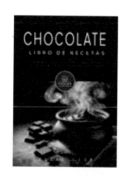

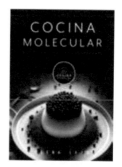

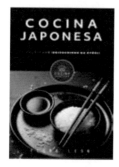

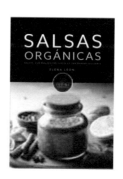

PARA RECIBIR NOVEDADES Y RECETAS DE

COCINA EXÓTICA

REGÍSTRATE AQUÍ
ESCANEANDO NUESTRO CÓDIGO

"El secreto de una comida deliciosa está en la armonía perfecta entre
los ingredientes frescos y el corazón que cocina con amor."

ELENA LEÓN

Made in the USA
Columbia, SC
05 August 2024

39997906R00044